AMOUR, FAMILLE, AMIS, TRAVAIL, SOCIÉTÉ...
PERCEZ LES MYSTÈRES DE VOTRE SIGNE

SCORPION

♏

LA PUISSANCE DES SIGNES ASTROLOGIQUES

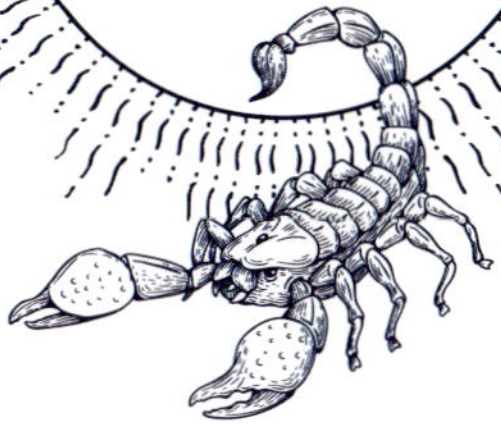

NOUVELLES ÉNERGIES

Exigeant
Solitaire
Volcanique
Blessant
Méthodique
Intellectuellement stimulant
Infidèle
Dominateur

Susceptible
Énergique
Attentionné
Autosuffisant
Loyal
Protecteur
Orgueilleux
Possessif

Scorpion

Le Scorpion
est le signe d'eau fixe
gouverné par la sombre planète
Pluton et par Mars l'agressif. Comme
l'animal du même nom, mieux vaut le laisser
tranquille, car il a de fortes capacités de
nuisance. Le Scorpion peut se montrer aussi
charmant que menaçant. On connaît bien son
intérêt et ses talents pour le sexe. Semblable
en cela à la Vierge, il a souvent une vie
secrète. Attiré par l'argent et le pouvoir,
il doit apprendre des autres
à devenir doux et aimable.

23 OCTOBRE • 21 NOVEMBRE

I

Au travail

COLLÈGUE, PATRON(NE), EMPLOYÉ(E), TRAVAIL,
CLIENT(E), ASSOCIÉ(E), CONCURRENT(E)

Le patron Scorpion

Sérieux, travailleur et dévoué à la réussite de sa société, ce patron place la barre très haut pour ses employés et exige qu'ils donnent le meilleur d'eux-mêmes. Il n'accepte aucune excuse pour un travail bâclé ; il préfère une erreur avouée franchement à de vaines tentatives d'explication. **Fort et dominateur**, le patron Scorpion est tout le temps aux commandes ; hors de question que ses collaborateurs contestent son autorité ! Mais dans ses rapports avec sa direction, il cherche toujours à **protéger ses employés** d'exigences déraisonnables et il tient à ce qu'ils reçoivent des gratifications pour leurs efforts.

POINTS FORTS (+)
DROIT
PROTECTEUR
FORT

POINTS FAIBLES (–)
INFLEXIBLE
IMPITOYABLE
DUR

RELATIONNEL
SÉRIEUX
DOMINATEUR
EXIGEANT

Son mode de management

Les décisions du Scorpion n'ont rien d'ambigu, mais il met souvent **du temps à les prendre** ! Il réfléchit lentement et préfère ruminer les arguments avant de se prononcer en connaissance de cause. Ne l'obligez pas à se presser, vous ne réussirez qu'à l'irriter ou le **rendre agressif** ! Une fois que son opinion est faite et sa décision prise, il est extrêmement rare qu'il revienne sur sa parole. Pourtant, il garde souvent une botte secrète ou une porte de sortie. Spécialiste du plan B (ou même C), il n'y a cependant recours que peu fréquemment...

Comment l'impressionner

Le patron Scorpion est particulièrement impressionné quand on se donne du mal sans espérer de prime ni de gratification, mais simplement parce que le travail doit être accompli **à ce moment-là** ! Ceux qui font régulièrement ce petit effort supplémentaire ont des chances de susciter son admiration. À l'inverse, il n'aime pas vraiment les personnages exubérants qui se font mousser et monopolisent le devant de la scène. Ce sont souvent les employés tranquilles et discrets qui, par leur attitude infatigable, **désintéressée et loyale**, lui plaisent le mieux...

Lui annoncer une mauvaise nouvelle...

Annoncez la chose directement, **sans tourner autour du pot** ! Le patron Scorpion est connu pour son caractère exécrable, parfois même violent : n'essayez pas d'arrondir les angles, cela le rendrait encore plus furieux... En fin de compte, peu importe qui est le coupable : le Scorpion prendra sur lui tout le poids de la responsabilité. Quand il fera son rapport à ses supérieurs, il dédouanera son/ses employé(s) pour assumer la faute **pleinement et entièrement**. En cas d'échec grave, il se considère comme le seul à blâmer...

Comment défendre un projet

Le patron Scorpion a une **opinion arrêtée** sur la plupart des questions. Votre exposé ne pourra que renforcer ce qu'il sait et croit déjà, ou le contredire. Dans ce dernier cas, préparez-vous à une guerre sans merci ! Dans la première éventualité, votre patron Scorpion risque d'approuver, mais sans vraiment apprécier vos efforts. C'est souvent dans le désaccord plutôt que dans le consensus - dans la chaleur des échanges acharnés - que peuvent surgir les idées et les approches intéressantes. Tous ces préliminaires doivent vous inciter à vous entraîner comme un champion et à **défendre férocement** votre point de vue...

Obtenir une augmentation

Attendez que le patron **soulève lui-même la question** ! Il est parfaitement au courant des efforts fournis par ses employés. Parfois, vous pouvez faire indirectement allusion au sujet quand, dans la conversation, sera abordé le problème de la pénibilité du travail et des primes. Ne demandez jamais franchement une augmentation au patron Scorpion, mais **laissez-le réfléchir** à la question une fois qu'elle a été évoquée. Normalement, il reviendra vers vous dans la quinzaine ou le mois qui suit, peut-être après une petite piqûre de rappel, étant donné qu'il doit penser à beaucoup de choses.

L'employé Scorpion

L'employé Scorpion fait ce qu'il a à faire si on le laisse **travailler tranquillement**. Il a ses méthodes personnelles qui ne sont pas forcément partagées ni comprises par ses collègues. Le Scorpion semble souvent secret, pas vraiment sociable, et peu soucieux de dévoiler ses techniques ou sa vie privée. **Loyal envers son entreprise**, il fera toujours de son mieux pour aller au-delà de ce qu'on attend de lui. Il ne se montre agressif que s'il se sent injustement attaqué ou critiqué, et devient alors un adversaire terrible.

+
LOYAL
DÉVOUÉ
DISCRET
POINTS FORTS

—
SOLITAIRE
AGRESSIF
SECRET
POINTS FAIBLES

MYSTÉRIEUX
AUTOSUFFISANT
RÉSERVÉ
RELATIONNEL

Comment le recruter

Le Scorpion n'est pas du genre à chanter ses propres louanges ! Il est très rare qu'il donne une **fausse image de lui** ou surestime ses capacités. Il faut même que son interlocuteur lui soutire des informations autres que celles de son CV ou de sa lettre de motivation… Le futur employé Scorpion n'affiche pas une grande curiosité quant à ses conditions de travail, sauf en ce qui concerne certains critères bien précis. Une fois qu'il est rassuré sur **la fiabilité et la sécurité** du poste envisagé, il se montrera un peu plus expansif, tout en restant très discret sur lui-même.

Comment le gérer

Quand il sait **ce qu'il a à faire**, l'employé Scorpion travaille très bien seul. Si vous regardez constamment par-dessus son épaule pour vérifier ce qu'il fait, vous le rendez nerveux et influencez négativement ses performances. Cet employé accepte la critique si vous y mettez les formes. Le personnage est sensible et il ne faut jamais le menacer, le cajoler ou le blâmer franchement ! Restez **aussi objectif**

Quelles tâches lui confier ?

L'employé Scorpion a une **âme de spécialiste** et il est fait pour certaines tâches. Il n'est pas très à l'aise dans la diversification ou les emplois multiples. Il est donc préférable de bien connaître ses postes précédents et de le consulter directement pour décider s'il est vraiment la personne qui convient pour telle ou telle mission. Ce ne sera pas du temps perdu ; quand un Scorpion a **trouvé sa place**, il accomplit le plus souvent un travail de qualité. En revanche, si on le met dans la mauvaise case, il risque fort de faire pire que mauvais, d'être sujet à des accès de découragement et même de dépression. Il n'est pas fait pour les grandes équipes, aussi, quand la chose est possible, laissez-le **travailler seul**...

que possible dans vos rapports avec lui. Prenez garde à ne pas le vexer et choisissez soigneusement vos mots pour éviter de froisser ses sentiments, ce qui provoquerait une réaction irritée ou agressive. Confiez-lui des tâches réalisables et parfaitement **dans ses cordes** ! Il tient à cette sécurité que procure un travail qu'il peut accomplir sans être soumis à une compétition trop forte ou au stress. Ne commettez pas l'erreur de lui offrir un salaire plus élevé pour qu'il accepte un poste qui ne l'intéresse pas particulièrement. Vous l'impressionnerez en **comprenant ses besoins** et en refusant de lui imposer des fonctions qui ne lui conviennent pas, en dépit de la pression des supérieurs. Si vous protégez ses intérêts, il saura s'en montrer reconnaissant...

Lui annoncer une mauvaise nouvelle

Le Scorpion peut se montrer agressif si on l'accuse d'une faute ou qu'on le menace de licenciement, surtout s'il a donné le meilleur de lui-même dans l'exécution de ses tâches quotidiennes ! Il est capable d'encaisser de mauvaises nouvelles, mais employés et collègues doivent lui **parler franchement**, sans tourner autour du pot. En général, le Scorpion est assez honnête pour reconnaître son degré de responsabilité ou réfuter la chose. Il **garde son calme** et évite de s'engager dans des discussions acharnées. Il sait parfaitement dire ce qu'il a à dire et se montre peu enclin à justifier son comportement. La plupart du temps, il n'est ni effrayé ni intimidé par les menaces de licenciement.

Le collègue Scorpion

Le Scorpion est toujours prêt à **donner un coup de main** quand il s'agit de tâches ardues. Il connaît l'adversité et sait combien il est angoissant d'être victime des circonstances ou, pire que tout, de ses propres craintes et anxiétés. Plutôt que de chercher à réconforter un collègue dans la peine, notre Scorpion retroussera ses manches et se mettra au travail. Il n'a pas peur de grand-chose et ne se laisse pas abattre par les problèmes apparemment insurmontables ni par les entreprises complexes. Le **défi de l'impossible** l'attire plus que la simplicité d'un projet routinier et facile.

+
SERVIABLE
COMBATIF
ÉNERGIQUE
POINTS FORTS

—
AUTORITAIRE
TOURMENTÉ
DOLENT
POINTS FAIBLES

SECOURABLE
SYMPATHIQUE
STIMULANT
RELATIONNEL

Lui demander de l'aide

Le collègue Scorpion est capable de donner un bon conseil **en quelques mots** ! En général, il prend le temps de réfléchir à la question avant de fournir une opinion mûrement pesée. Évitez de le brusquer ou de l'obliger à se dépêcher. Souvent, son avis est motivé par son expérience personnelle et celle de collègues de l'entreprise. Le Scorpion a la **mémoire longue**, il se souvient de détails importants que les autres ont vraisemblablement oubliés. De ce fait, il fournit souvent des informations extrêmement pertinentes. Si ce collègue est convaincu que vous avez des ennuis et qu'il peut contribuer à les régler, il vous aidera dans la mesure de ses moyens, sans faire de **promesses en l'air**. Que la participation demandée soit pratique et/ou financière, il est prêt à se mettre sur les rangs s'il croit en votre cause. Curieux mélange d'idéalisme, de pragmatisme et de cynisme que notre Scorpion partant en croisade ! S'il décide de vous aider, il ne connaîtra pas de repos avant de vous avoir remis en selle !

Faire équipe avec lui

Le Scorpion n'est pas réputé pour son esprit de coopération ! **Forte tête**, il a en général des idées bien arrêtées sur la façon de faire les choses. Ni menaces ni caresses ne le feront changer d'un

Comment l'impressionner ?

On n'en impose **pas facilement** au Scorpion ! Il a souvent l'air de penser que ses méthodes seraient beaucoup plus efficaces pour la tâche à accomplir... Sans être vaniteux ou viser trop haut, il a une juste idée de ses compétences et des résultats qu'il peut obtenir. Il est très difficile de le motiver et, qui plus est, il est souvent contre-productif de s'y hasarder. Étant donné sa forte personnalité, il est préférable qu'il **se motive par lui-même**. Pour que la chose se passe au mieux, il suffit de l'accepter tel qu'il est et d'évaluer objectivement s'il correspond au travail demandé...

iota... Cela dit, il peut travailler en bonne entente avec les autres, mais seulement s'il est convaincu de l'efficacité et de la raison d'être de l'approche choisie. Si on la lui demande, le collègue Scorpion donnera son opinion, mais il dévoile rarement le **fond de sa pensée**. C'est un élément précieux dans une équipe. Toutefois, mieux vaut le consulter et accorder beaucoup d'attention à ce qu'il a à dire avant d'exiger de lui un quelconque effort de collaboration...

En cas de désaccord...

Professionnellement, le Scorpion n'est pas commode et vos critiques ne feront que **rebondir sur sa carapace**... Pourtant, si vous touchez un point sensible, il risque d'exploser et vous en prendrez alors pour votre grade ! Si, dès le départ, il est opposé à vos vues, vous ne pourrez l'amener à penser comme vous qu'avec patience et obstination. Il est plutôt rebelle au changement, mais il rumine en privé et peut **reconsidérer vos opinions** et vos positions. Qu'il finisse ou non par se ranger à votre avis, vous pouvez être sûr qu'il n'oubliera rien de ce que vous avez dit...

Le client Scorpion

Le Scorpion **sait exactement ce qu'il veut** et il fait ce qu'il peut pour l'obtenir de vous. Si vous avez envie de travailler avec lui sur le long terme, mieux vaut le satisfaire dans les moindres détails. Un **plan précis** et une liste de ses exigences sont indispensables. Le Scorpion n'est pas le genre de client à vous harceler si vous l'informez régulièrement de vos avancées. Il n'est pas non plus excessivement pressé ; en général, il préfère que vous preniez votre temps pour répondre parfaitement à ses demandes. Mais c'est lui le patron, et il attend de vous que ses directives soient suivies à la lettre !

POINTS FORTS (+)
ORGANISATEUR
DÉTERMINÉ
SERVIABLE

POINTS FAIBLES (–)
STRESSÉ
POINTILLEUX
EXIGEANT

RELATIONNEL
DIRECT
SANS AMBIGUÏTÉ
AUTORITAIRE

Comment l'éblouir

Les **performances passées** de votre société et les vôtres : voilà ce qui impressionne le client Scorpion ! Avant d'investir son argent, durement gagné, dans l'un de vos produits ou services, il examinera votre pedigree à la loupe. Il est peu probable qu'il accepte les chiffres que vous lui communiquerez sans faire sa propre enquête pour les corroborer. En outre, il parlera personnellement à ceux avec qui vous avez travaillé auparavant pour s'assurer de votre fiabilité. Sans un **palmarès impeccable**, il y a fort peu de chances pour que vous impressionniez le Scorpion ou que vous obteniez sa clientèle...

Lui vendre à tout prix

Dès que vous aurez réussi le test concernant vos antécédents professionnels, il faudra le convaincre que votre produit ou votre service est le meilleur ! Très **soucieux de qualité**, il sera moins impressionné par vos actifs ou le cours de l'action en Bourse

Le garder comme client…

Aussi longtemps que vos résultats sont bons et que la **crédibilité de vos prévisions** se maintient, le Scorpion continuera à vous confier sa clientèle. Une fois que vous avez sa confiance, il ne vous ennuie plus en faisant preuve d'une incessante curiosité ni en posant des questions ou en cherchant à vérifier vos avancées, car il s'intéresse assez peu à qui vous êtes ou à ce que vous faites. En fait, vous devriez être soulagé que le client Scorpion ne manifeste aucun intérêt à votre égard : prenez-le **comme un compliment** et n'essayez pas d'attirer son attention…

que par le produit que vous pourrez lui offrir. Le Scorpion ne cherche pas les prix les plus bas et il est même prêt à dépenser davantage si vous pouvez lui garantir qualité et performance. **Intraitable sur la sécurité**, il ne prendra aucun risque concernant la production ou les délais de livraison !

Dress code et comportement

Optez pour une apparence traditionnelle et rassurante, en évitant toute **touche de bizarrerie** et d'originalité qui pourrait l'irriter ! Il respectera sans doute plus la discrétion. Le client Scorpion tient à ce que vous soyez fiable et **parliez vrai**. S'il apprécie votre manière d'être, vous aurez franchi un pas vers la normalisation de vos rapports et la confiance mutuelle. Plus vite le concept du « nous » remplacera la dualité du « vous et moi », et mieux ce sera. Les choses se déroulent bien plus facilement dès que cette solidarité est établie et qu'une approche commune est adoptée...

Lui annoncer une mauvaise nouvelle

Réaliste avant tout, le client Scorpion est capable d'accepter les mauvaises nouvelles. Si vous avez développé une **confiance mutuelle**, vous pouvez tous deux supporter ces aléas dans un esprit de coopération. C'est ensemble que vous chercherez à rectifier les choses. Ce sentiment que **« nous »** pouvons trouver une solution et que **« nous »** pouvons nous débrouiller est bien préférable à l'attitude du client qui vous intimerait sèchement l'ordre de réparer les dégâts par vous-même ! Si toutefois la situation devait en arriver là, le Scorpion pourrait se montrer brutal, et même vindicatif, vous menaçant d'actions légales et autres représailles. Afin d'éviter les conflits, il vaut mieux bâtir dès le départ une relation d'affaires fondée sur la confiance et le respect...

Comment le distraire

Il appréciera les bons restaurants, les spectacles de qualité et tout ce que vous pouvez **lui offrir d'excellent** ! Ce qui ne veut pas dire qu'il faut jeter votre argent par les fenêtres... Ne commettez pas l'erreur de tenter de lui faire prendre une prestation médiocre pour quelque chose d'extraordinaire ! Si au contraire vous sélectionnez judicieusement le restaurant ou le club, vous donnerez un signal fort qui convaincra ce client de votre **sens aigu des affaires**. Si le Scorpion passe un bon moment, il y a de fortes chances pour qu'il se montre généreux à son tour, probablement en payant l'addition lors de votre prochaine rencontre...

L'associé Scorpion

L'associé Scorpion assume parfaitement les responsabilités, mais vous devrez veiller à ce qu'il n'impose pas son autorité ! Ses compétences sont indiscutables, tout comme son désir de **mener le jeu**. Tout dépend de la force de votre personnalité, mais il arrive souvent que le Scorpion **écrase son associé** et prenne les commandes. Ce n'est pas forcément une mauvaise chose, surtout si vous êtes plutôt passif. En revanche, un caractère actif risque d'entrer en conflit avec le Scorpion et, de ce fait, de gaspiller un temps et une énergie qui seraient mieux employés ailleurs.

+
RESPONSABLE
ORGANISATEUR
EXPÉRIMENTÉ
POINTS FORTS

–
ÉCRASANT
DICTATORIAL
INSENSIBLE
POINTS FAIBLES

DOMINATEUR
AUTORITAIRE
ASSURÉ
RELATIONNEL

S'associer avec lui

Plus prudent que méfiant, le Scorpion sait qu'il y va de votre intérêt mutuel d'élaborer un **contrat détaillé** : un document qui anticipe les problèmes futurs et les réponses à apporter quand les choses tournent mal. Cet accord doit être compréhensible et clair. Si vous avez le moindre doute concernant les instincts dominateurs de votre futur associé, cette convention garantira vos intérêts et votre participation active dans l'association. Une fois que le contrat est établi dans les formes légales, signé par les deux parties et enregistré, il ne sera sans doute **jamais** nécessaire d'y revenir...

La répartition des tâches

Avant de démarrer tout projet, analysez vos forces et vos faiblesses et définissez soigneusement les **rôles de chacun**. Une fois les tâches assignées, chaque partenaire devra respecter son domaine et éviter d'empiéter sur les activités de l'autre. Inutile ensuite de vous tenir quotidiennement au courant : des réunions tous les quinze jours permettent de mesurer l'avancée d'un projet et de décider s'il faut procéder à des changements. Gardez un œil sur le Scorpion, qui risque de **remettre à plus tard** certaines questions importantes et de s'investir inutilement dans d'autres...

Maintenir de bonnes relations

Cet associé est un véritable **coureur de fond**, capable de respecter sa part du marché ou de rester en affaires pendant des années ! Mais s'il n'est pas d'accord avec votre manière de faire, il ne se gênera pas pour le dire, et si vous refusez d'écouter ses critiques, il persistera dans ses efforts jusqu'à ce que vous cédiez… Le Scorpion aime la confrontation, vous ne lui échapperez pas facilement ! Quand vous avez à vous plaindre de ses méthodes, de son comportement ou de ses performances, essayez de l'aborder au bon moment. Et **mettez-y les formes**

Est-il gérable ?

On ne peut pas vraiment diriger l'associé Scorpion, pas plus que sa prodigieuse énergie et son caractère bien trempé ! Plutôt que de perdre votre temps en vains efforts, établissez dès le départ des **règles précises** et demandez à votre associé de les respecter. Vous aurez peut-être aussi à lutter contre ses tentatives de domination – même si ses conseils et son assistance sont souvent utiles et rassurants. Mais s'il commet des erreurs flagrantes et refuse de les reconnaître, la **confrontation** sera inévitable pour échapper au désastre !

si vous voulez éviter qu'il se sente agressé et réplique par une violente contre-attaque...

Mettre fin à votre collaboration

Il vous faudra **respecter à la lettre** le contrat que vous aviez signé au départ ! Généralement, il couvre toutes les questions, qu'il s'agisse de dettes, de biens immobiliers, de copyrights et d'autres partages des avoirs et des bénéfices. Évitez à tout prix les disputes et le combat à outrance, avec son cortège de haine et d'accusations. En effet, affronter un Scorpion sur le **pied de guerre** n'est pas une perspective agréable à envisager. Tant que les rapports restent objectifs, polis et cordiaux, la séparation peut s'effectuer à la satisfaction des deux camps. Mais souvenez-vous que les Scorpions ont la mémoire longue et sont extrêmement **obstinés** : mieux vaut régler les questions immédiatement et ne laisser aucun problème important en suspens.

Le concurrent Scorpion

Le concurrent Scorpion n'aime pas perdre ! Son **désir de vaincre** est si puissant qu'il peut l'amener à se conduire de manière malhonnête, mais seulement dans les cas extrêmes. En effet, la joie primitive qu'il ressent en écrasant son adversaire n'est pleinement éprouvée que s'il gagne dans un combat loyal. Notre ami se sent dans son élément et réellement à l'aise dans la chaleur de la bataille qui, en général, libère en lui une inépuisable énergie. La **stratégie** est son fort ; un vrai Scorpion ne s'engagera jamais dans un conflit sans un plan détaillé, précis et ingénieux.

+
COMBATIF
MÉTHODIQUE
RUSÉ
POINTS FORTS

–
CRUEL
MALHONNÊTE
BLESSANT
POINTS FAIBLES

MINUTIEUX
BATAILLEUR
AGRESSIF
RELATIONNEL

Stratégie de combat

Le concurrent Scorpion est un **adversaire coriace** ! Étant donné son agressivité naturelle, il faut que vous sachiez quelle parade lui opposer, faute de quoi il risque de vous écraser. Particulièrement doué pour l'attente, il se lance ensuite brusquement à l'assaut, puis se retranche dans une attitude défensive. C'est cette extraordinaire combinaison d'**attaque et de repli** qui le rend si difficile à contrer ! Avant toute chose, restez calme et n'exposez pas vos faiblesses par une action hâtive. Méfiez-vous des coups fourrés et des pièges. Enfin, n'espérez pas une victoire rapide et facile, mais préparez-vous à un conflit long et dur. Faites comme lui, **soignez vos armes**...

Comment l'impressionner

Ne l'approchez qu'en **position de force** ! Vous ne donnerez pas le change en jouant les gentils ou en faisant l'idiot. Il a du nez pour flairer le double jeu et les coups fourrés, et il tombe rarement dans

Déjouer ses plans...

Vous vous engagez dans un combat difficile ! En effet, ourdir des plans est une de ses spécialités. Pour commencer, scrutez avec autant d'attention vos forces que ses faiblesses. Trouvez des failles dans son approche et examinez avec soin les revers qu'il a subis par le passé, dans l'espoir de découvrir son **talon d'Achille**. Consolidez vos protections pour être certain de pouvoir résister à une guerre prolongée. Alors seulement vous pourrez vous pencher sur ses points forts (pour anticiper ses tactiques d'attaque et de défense). Enfin, analysez **vos handicaps personnels**, car le Scorpion va certainement les mettre à jour...

les pièges habituels. Parfaitement instruit dans **l'art de la guerre**, il n'en sera que plus impressionné par un comportement calme et ferme. Dès que votre concurrent aura reconnu en vous **un égal**, vous aurez gagné son respect. Voilà qui le poussera à engager un combat loyal et minimisera son envie d'utiliser des tactiques perfides. Quand vous serez en sa présence, ne cherchez pas à l'intimider. Vous pouvez employer la séduction, mais avec prudence, en étant bien conscient de son savoir-faire en la matière...

Prendre l'avantage

Le concurrent Scorpion est un **bon bluffeur**, mais il vient rarement à la table des négociations sans munitions en réserve ! Dans le jeu des enchères, il vous sera difficile de déchiffrer ses intentions. Il est si secret que vous avez peu de chances de découvrir ses motivations réelles. Pour lui ravir l'avantage, le meilleur moyen reste de **provoquer sa colère** et de le déstabiliser. Même si l'adversaire

Scorpion, toutes pinces dehors, est redoutable, il laisse des ouvertures par lesquelles ses forces vives peuvent être atteintes. Quand il agit de sang-froid, il est de plus terrifiant ! Vous aurez bien du mal à supporter son regard menaçant, signe qu'il vous faut immédiatement **battre en retraite** sous peine de prendre sa fureur de plein fouet...

La psychologie du concurrent Scorpion

Le Scorpion est un dangereux adversaire : il maîtrise si bien ses propres motivations et sentiments qu'il peut alternativement **attaquer et séduire** ses rivaux, les laissant médusés et sans défense ! Pour arriver à ses fins, il est capable d'employer son charme et son magnétisme de manière froide et calculée. Et sa réputation de traîtrise n'est pas usurpée. Surveillez-le particulièrement quand il paraît relâcher ses efforts. C'est certainement un Scorpion qui a dit : **« La vengeance est un plat qui se mange froid. »**

II

En couple

PETIT(E) AMI(E), CONJOINT(E), EX, FLIRT, AMANT(E)

Le flirt Scorpion

Le Scorpion est passionné et doué d'un fort potentiel sexuel, mais lorsqu'il flirte, il est parfaitement capable de se contrôler. La **magie particulière** de ce séducteur opère de manière subtile, sans provoquer ni frayeur ni inquiétude. Cependant, il est toujours prêt à aller plus loin si tel est vraiment votre désir. Le Scorpion cherche à **savoir qui vous êtes**, mais quand il s'agit de dévoiler sa personnalité et ses intentions, il se montre très prudent. Il faut alors lui faire comprendre qu'il est aussi important de donner que de recevoir et que l'échange ne se fait pas à sens unique.

+
PASSIONNÉ
GARDE LE CONTRÔLE SEXUEL
POINTS FORTS

−
SECRET
FOUINEUR
FERMÉ
POINTS FAIBLES

PRUDENT
OBSERVATEUR
SUBTIL
RELATIONNEL

L'attirer dans vos filets

Il se livrera probablement aux **manœuvres d'approche**. Même le moins entreprenant des Scorpions est capable de vous faire comprendre que vous l'intéressez ; il garde ainsi le contrôle tout en ayant l'air de ne pas y toucher ! Il n'éprouve **aucune timidité** quand il s'agit de suggérer un premier rendez-vous. Il propose souvent un endroit assez intime, pour apprendre à mieux vous connaître. Après quoi, notre Scorpion se débrouille pour vous signifier subtilement qu'il a envie de **vous revoir** – de manière régulière si vous lui plaisez vraiment...

Où sortir ?

Le Scorpion préfère les dîners tranquilles dans des **endroits discrets**. Amateur de bonne chère, il est particulièrement attiré par la **cuisine exotique**. N'interprétez pas son comportement calme ou réservé comme une marque d'indifférence ; en fait, le Scorpion aime bien laisser mijoter les choses. Cette espèce d'indolence peut passer pour de la timidité, alors que notre amoureux est parfaitement sûr de lui. Maître dans l'art de la séduction, il sait attendre sans se presser, tissant son enjôleuse toile de la manière la plus ensorcelante et la plus captivante qui soit...

À faire ou à ne pas faire

En général, le Scorpion déteste qu'on l'interroge **sur lui-même** ! S'il détourne ou ignore vos questions personnelles, évitez complètement le sujet. Sensuel à l'extrême, notre amoureux adore les parfums, les contacts fortuits ou les frôlements

Faire le premier pas...

Le Scorpion se débrouille en général **pour que ce soit vous** qui fassiez le premier pas, même très petit ! Si vous lui plaisez, il saura toujours vous faire signe d'aller plus loin, mais ne vous attendez pas à ce qu'il vous saute dessus ! Lorsqu'il est vraiment excité, sa nature passionnée se révèle, ne laissant aucun doute quant à son inclination éminemment sexuelle. Méfiez-vous de l'eau qui dort ! Dès que vous lui aurez donné le feu vert, préparez-vous, car l'amoureux Scorpion déploiera tout l'éventail de ses **talents érotiques**...

« accidentels », les allusions érotiques voilées et les œillades langoureuses. Même s'il a un côté très charnel, il est souvent beaucoup plus émoustillé par les **attitudes sophistiquées** que par les actes et les suggestions qui manquent de subtilité. Si vous voulez vraiment lui plaire, respectez son silence et son intimité, et ne cherchez pas à percer sa réserve...

Comment l'épater

Le Scorpion est très attiré par la beauté et la **sensualité**, même quand il n'en est guère pourvu lui-même... Si son charme opère progressivement sur vous, il demande, lui, dès le départ, à **être chamboulé** ou tout au moins à ce que vous suscitiez son intérêt passionné. Notre séducteur est très doué pour saisir le moindre signe indiquant que vous êtes disposé à une intimité plus poussée. Cependant, souvenez-vous que s'il ne réagit pas immédiatement, il peut s'agir d'une tactique, puisqu'il se flatte de maîtriser ses sentiments à volonté...

Comment s'en débarrasser

S'il vous trouve attirant, vous ne vous en débarrasserez pas facilement ! Il peut même développer une obsession à votre égard. Si vous prétendez avoir déjà une relation stable, cela ne fera que le stimuler davantage. **Le défi l'excite** et les barrières le pousseront à redoubler d'efforts. Le meilleur moyen consiste souvent à éviter une rupture brutale, mais à **espacer les rencontres** afin de pouvoir, au bout d'un certain temps, réussir à le quitter pour de bon...

Le/la petit(e) ami(e) Scorpion

À la fois jaloux et possessif, le Scorpion exige un **engagement total** de votre part ; au premier signe d'intérêt pour quelqu'un d'autre, il laisse éclater sa colère ou devient silencieux et sombre. Puisqu'il donne beaucoup, il considère qu'il doit recevoir beaucoup, et que vous avez de la chance qu'il soit avec vous ! Pour un Scorpion, l'amour est **affaire de territoire** – et il déteste qu'on chasse sur ses brisées. Il est également protecteur et se préoccupe réellement du bien-être de ceux qu'il aime. Il peut faire preuve d'une grande sollicitude s'ils sont malades ou dans le besoin.

+
PROTECTEUR
ATTENTIONNÉ
CONCERNÉ
POINTS FORTS

—
JALOUX
POSSESSIF
COLÉREUX
POINTS FAIBLES

ENGAGÉ
INDÉPENDANT
SÉRIEUX
RELATIONNEL

Discussion ou monologue ?

Le Scorpion fait très attention à ce qu'il dit ! Il connaît le pouvoir des mots et est parfaitement conscient qu'ils peuvent se retourner contre lui. Quel que soit le sujet, la discussion, tel un iceberg, dissimule une grande profondeur de **non-dits** menaçants sous la surface. Il aime s'exprimer par des sous-entendus plus que par de franches déclarations, surtout quand il veut exercer des pressions. Ses menaces sont le plus souvent voilées, mais il faut les **prendre au sérieux**, car le Scorpion va toujours au bout de ses intentions...

Disputes déconseillées

La plupart du temps, ce n'est pas lui qui choisit d'entamer la dispute, mais une fois sur les rails, il va jusqu'au bout ! Pour lui, il s'agit simplement d'un conflit (ou à l'extrême, d'une guerre) à **gagner à tout prix**. Les retombées émotionnelles pouvant s'avérer sévères, il est déconseillé de se quereller avec lui.

Pour éviter que la discussion ne dégénère, procédez avec sensibilité et retenue, et maîtrisez le niveau des injures. Un bon moyen pour empêcher les dérapages consiste à blaguer et à introduire un peu d'humour. Glissez des jeux de mots et des reparties amusantes, histoire de **désamorcer la crise**...

Son humour...

Le Scorpion a un humour assez étrange qui consiste souvent à **ridiculiser les autres** ! Ses boutades et autres mots d'esprit sont cruels et laissent peu de doute quant aux choses ou aux personnes visées. Après avoir lancé ce genre de remarque, il enfonce le clou (involontairement, bien sûr) en **souriant ironiquement**, ou même en riant franchement. L'astuce consiste à ne pas réagir négativement, mais plutôt à plaisanter avec lui. Vous vous amuserez beaucoup si vous arrivez à vous moquer d'une autre personne en privé...

Un voyageur critique

Le Scorpion est doué pour organiser les choses, mais il n'en a **pas toujours envie** ! Il fait parfois preuve d'une curieuse passivité dans ce domaine, vous obligeant à prendre l'initiative et à décider. Vous risquez alors de vous retrouver en butte à ses critiques impitoyables, à son ironie et à ses sarcasmes bien affûtés. Insistez donc pour que le Scorpion prenne une **part plus active** dans les décisions. Vous aurez ainsi des munitions pour vous défendre si une dispute surgit en cours de route...

Le sexe

Le Scorpion est bien connu pour son intérêt, son **engagement** et ses **performances** dans le domaine sexuel ! Il en est souvent fier, mais ne s'en vante pas ouvertement. Habituellement, cela se manifeste par une tranquille assurance ; il sait qu'il peut se montrer à la hauteur des désirs de son partenaire. Non qu'il soit réticent à exprimer ses propres fantasmes, bien précis et souvent exigeants. Il n'est donc guère surprenant qu'il fasse preuve, en toute occasion, d'une **attitude peu conventionnelle** et même audacieuse vis-à-vis du sexe. Le Scorpion adore explorer les grandes routes comme les chemins de traverse du paysage érotique, laissant peu de place à l'imagination de son partenaire...

La tendresse et les câlins

Généralement, le Scorpion se montre plus passionné que sensuel ! Il préfère exprimer ses sentiments de **manière intense** plutôt que par l'émotion et les contacts fortuits. Aussi n'est-il pas franchement câlin ni tendre. Son attirance se manifeste souvent par des **plaisanteries** ou même des méchancetés, dites avec un éclair de malice dans les yeux. Vous êtes censé savoir qu'il s'agit, en réalité, d'affection... À moins de prendre la chose avec humour ou de garder votre calme, vous risquez de vous sentir vraiment humilié et de vous mettre en colère - ce qui ne fera qu'exciter son ironie...

Le/la conjoint(e) Scorpion

En général, le Scorpion est **loyal**, mais pas toujours fidèle à son conjoint. Il considère que sa vie privée lui appartient et refuse que son partenaire ou la société lui dictent sa conduite, dès lors qu'il s'agit de liberté sexuelle. Pourtant, il peut remplir honnêtement ses obligations conjugales, tout en menant une double vie. **Secret par nature**, le Scorpion partage rarement, sinon jamais, d'informations sur son intimité avec sa famille ou ses amis. Il aime son foyer, où il passe autant de temps que possible, et n'hésite pas à faire des dépenses pour l'embellir.

+ POINTS FORTS
- LOYAL
- PROTECTEUR
- CASANIER

— POINTS FAIBLES
- REBELLE
- DÉPENSIER
- INFIDÈLE

RELATIONNEL
- SECRET
- INDIVIDUALISTE
- FERME

Le mariage et la lune de miel

Le Scorpion voit le mariage comme un **simple préambule** nécessaire à la lune de miel, qui en est la partie vraiment cruciale. Et selon lui, la sexualité est l'un des **aspects essentiels** de la lune de miel ! Le plaisir de son/sa partenaire est important, mais beaucoup moins que le sien... Pour lui, ce moment constitue l'aboutissement passionné de ses désirs. Et quand les choses se passent moyennement bien, il en éprouve une grande déception, doublée de frustration et de tristesse. Autant de sentiments qu'il cherchera à dissimuler...

Le train-train quotidien

Le Scorpion n'est pas toujours conscient des désirs de son partenaire, ni prêt à y répondre. Il paraît vivre dans son monde, même quand il est en contact quotidien avec son compagnon ou sa compagne. Souvent difficile à atteindre, il peut **se réfugier dans**

sa bulle – fauteuil, livre ou journal. Le Scorpion est capable de **se déconnecter à volonté**. Vous vous apercevrez parfois qu'il ne vous écoute plus depuis quelques minutes, ou même des heures, des jours peut-être ! Pendant tout ce temps-là, il aura certainement prêté l'oreille à ses voix intérieures et suivi les stimuli de son imagination. Ne vous faites aucun reproche : vous n'êtes sûrement pas en cause !

Les questions d'argent

Très dépensier, tant pour l'alimentation que pour de coûteux objets, pour lui ou la maison, il est heureusement doué aussi pour **gagner de l'argent** ! Cependant, gardez un œil sur lui. En effet, non seulement les billets lui filent entre les doigts, mais il se laisse attirer par toutes sortes de plans d'investissements assortis de promesses de gains. **Séparez vos comptes**, revenus et dépenses, de ceux du Scorpion, et ne conservez qu'une cagnotte commune pour la vie de tous les jours !

Avec ses enfants

Le Scorpion se montre **très protecteur** envers ses enfants, qu'il quitte rarement des yeux quand ils sont petits. Même si cela leur permet de grandir en se sentant en sécurité, ses enfants risquent de souffrir de la domination et du contrôle de ce parent. Le grand défi du Scorpion consiste à **encourager l'indépendance** de sa progéniture, même si elle doit se rebeller contre son autorité. Ce sevrage psychologique s'avère souvent aussi douloureux pour le père ou la mère que pour les enfants. Au cours de ce processus, le Scorpion, plus âgé et plus sage, devra donc agir de manière à leur insuffler un sentiment de responsabilité et de maturité.

Le divorce

L'aspect le plus **négatif de sa personnalité** risque de se manifester en cette occasion ! Surtout s'il a l'impression qu'on se montre injuste ou mesquin à son égard... Le Scorpion a un côté indéniablement vindicatif qui le pousse à blesser son/sa conjoint(e)

Est-il/elle fidèle ?

Le Scorpion a de gros besoins sexuels que vous pourrez peut-être satisfaire... Mais il est aussi attiré par les intrigues, les liaisons secrètes et les passions romantiques cachées. Même si vous le comblez sexuellement, il risque d'avoir envie de s'accorder, de temps à autre, des **escapades** extraconjugales. Dans son esprit, il vous est fidèle malgré des écarts occasionnels. Et il n'a pas le sentiment que son comportement est immoral... Malgré tout, il est capable de faire preuve d'une injustice flagrante en exigeant une **totale dévotion** de votre part !

et à entreprendre des **actions vengeresses** contre lui/elle. C'est un adversaire redoutable et vous risquez d'avoir du mal à vous opposer à son désir d'en découdre quand le mariage prend l'eau. Alors respectez-le et évitez de l'acculer aux pires extrémités ! Pendant la procédure de divorce, limitez les contacts et laissez vos avocats communiquer entre eux...

L'amant(e) Scorpion

Le rôle d'amant(e) va comme un gant au Scorpion ! Sa double nature passionnée et secrète en fait le candidat idéal pour les **aventures clandestines**. Cela ne veut pas dire que ses passions soient nombreuses. En général, les liaisons du Scorpion sont rares, choisies avec soin, mais d'ordinaire très profondes. Cela va de pair avec la joie ou l'extase qu'il peut éprouver, mais aussi avec une bonne dose de douleur et de souffrance. Bien que l'amant(e) Scorpion maîtrise ses sentiments et ne les laisse surgir que dans les situations les plus intimes, ses partenaires peuvent témoigner de son **extrême émotivité**.

+
AMOUREUX
VOLCANIQUE
INTIME
POINTS FORTS

—
DOULOUREUX
MALHEUREUX
SOUFFRANT
POINTS FAIBLES

DISCRET
ATTACHANT
SECRET
RELATIONNEL

LA rencontre

Cet amant a une manière **très subtile** de vous signifier que vous l'intéressez ! Une remarque glissée comme par hasard à un ami commun, un regard fortuit ou un compliment ingénieux peuvent être autant de signes. Plus tard, vous vous demanderez : « Est-ce qu'il a vraiment fait attention à moi ? » La déstabilisation est une de ses tactiques. Il cherche à ce que vous montriez vos cartes alors que lui **cache son jeu**. Vous embarrasser ou vous mettre mal à l'aise sont autant de techniques qui font partie de ses plans. Cet amant confond souvent l'art de l'amour et celui de la guerre. Ce qui fait de vous à la fois l'adversaire et le butin...

Où le/la retrouver ?

Vous entraîner **chez lui**, voilà une idée qui stimule cet amant ! Pour le Scorpion, son domicile est sa tanière, son repaire, la toile où il peut vous attraper pour vous tenir fermement **dans ses pinces**. L'aventure joue ici un rôle prédominant ; cet amoureux pique votre curiosité et vous pousse à mieux le connaître. La plupart des Scorpions sont des spécialistes dans l'art de la séduction, alors profitez-en. Plus tard, vous aurez assez de temps pour les regrets et les pleurs, si les choses ne marchent pas. En effet, après que votre amant Scorpion vous aura offert une première expérience que vous n'oublierez pas de sitôt, la déception risque de vous rendre vindicatif...

Le sexe

Tomber amoureux d'un Scorpion peut, par moments, s'apparenter à une **addiction**. Ce don qu'il possède, s'il pouvait le mettre en bouteille, deviendrait probablement un élixir très demandé ! Son amour est une vraie drogue qui exige des doses de plus en plus fortes et risque de provoquer des symptômes de sevrage quand il s'interrompt. Même si le Scorpion peut donner, au départ, l'impression qu'il est inhibé, timide ou renfermé, dès qu'il s'engage dans une liaison charnelle, sa **nature vraiment passionnée** se dévoile. Avant de libérer des forces aussi volcaniques, assurez-vous que vous pourrez vous y frotter sans vous brûler...

Les sorties à deux

Le Scorpion ne manquera pas de vous faire connaître ses préférences. Pour le distraire, c'est facile, il vous suffira de suivre la liste **point par point** ! Malheureusement, vos besoins et vos désirs risquent de disparaître du tableau. Essayez de privilégier les plaisirs qui vous apportent une satisfaction mutuelle. La plupart de ceux-ci seront de nature privée, puisque

Comment le/la retenir ?

Il n'y aura pas de problème si les deux partenaires sont proches sur le plan émotionnel. Votre amant(e) voudra sans doute que la relation continue selon les mêmes modalités pendant longtemps... C'est surtout vrai des aspects secrets de vos rencontres et de son refus de voir le monde extérieur pénétrer dans son **royaume privé**. Le Scorpion va même parfois jusqu'à communiquer **clandestinement** ou employer des codes et des signaux pour entrer en contact avec vous !

le Scorpion n'abandonnera pas volontiers sa manie de ne pas être vu en public avec vous. Les **dîners intimes**, cuisinés par ses soins, remplaceront donc les sorties au restaurant, tandis que DVD et CD seront nettement préférés au cinéma et aux concerts...

Une rupture sur mesure

Malheureusement, une liaison passionnée avec un amant Scorpion est souvent le gage d'une rupture tout aussi passionnée ! La séparation n'est pas nécessairement dramatique, mais elle est **chargée d'émotions** et peut causer beaucoup de peine aux partenaires. La relation et son interruption peuvent laisser des cicatrices lentes à guérir, risquant de peser sur vos engagements futurs et sur votre capacité à nouer rapidement d'autres liens. Vous ressentirez sans doute de l'amertume et de la frustration. Combattez-les en privilégiant les **aspects positifs** de la liaison et en refusant de laisser libre cours à vos sentiments négatifs...

L'ex Scorpion

Pas facile de s'arranger avec un ex Scorpion ! Sa propension bien connue à **réclamer vengeance** des actions passées, surtout des insultes infligées à son **colossal ego**, pourrait le pousser à des extrêmes. Vous serez parfois cruellement mis à l'épreuve et devrez choisir entre rester sur la défensive ou répondre à ses attaques. D'un côté comme de l'autre, vous aurez besoin de vous faire aider par votre famille, un comptable, un avocat ou des amis. Autant de personnes qui peuvent exercer une pression sur votre ex Scorpion et lui montrer que son intérêt est de **coopérer** et de **négocier**.

+
COOPÉRATIF
NÉGOCIATEUR
FIER
POINTS FORTS

—
RANCUNIER
RÉCALCITRANT
VINDICATIF
POINTS FAIBLES

AGRESSIF
ACCUSATEUR
DIFFICILE
RELATIONNEL

Amis ou ennemis ?

Sauf exception, il est impossible de rétablir une quelconque amitié après avoir rompu... Le mieux que vous puissiez espérer est une **cessation des hostilités** ouvertes et un accord précaire. Malheureusement, le Scorpion ne pardonne ou n'oublie que très rarement - voire jamais. En outre, le moindre signe de faiblesse venant de vous ou un appel au pardon ne susciteraient que du mépris et de nouvelles mesures punitives. Alors, ne vous attendez à **aucune aide** de sa part. Le seul domaine où on peut le forcer à coopérer est celui des affaires en cours ou qui exigent des transferts d'argent.

Lui exprimer votre affection

Votre ex peut répondre à vos manifestations d'affection, mais si cela doit prendre un tour sexuel, vous risquez de regretter d'avoir déclenché les choses. N'oubliez pas que le Scorpion regarde la sexualité comme son **pré carré** et qu'il sait parfaitement comment utiliser ses pouvoirs contre vous. Il est donc préférable de se montrer **distant**, respectueux et objectif dès qu'il s'agit d'exprimer physiquement son affection. Voix douce et regard aimable sont le maximum de ce que vous pouvez prudemment vous permettre de part et d'autre...

Partager la garde des enfants

Pendant la procédure de divorce, vous et votre ex devez éviter d'utiliser vos enfants comme une arme. Laissez les représentants légaux et **la justice** se charger des questions de garde plutôt que de traiter les problèmes entre vous. Surtout, ne forcez jamais votre progéniture à prendre parti ! En effet, les enfants sont les seuls qui permettent que les choses **se passent calmement**. Ils peuvent même aider à résoudre les conflits qui surgissent entre leurs parents. Dans la plupart des cas, s'ils sont raisonnables, ils seront capables de faire réfléchir leur père ou leur mère Scorpion de manière plus efficace et plus sereine que l'ex-partenaire.

Parler du passé...

Le Scorpion n'a rien oublié du passé : inutile de lui remettre en mémoire ! Pour la plupart des Scorpions, ce genre de discussion équivaut à mettre **du sel sur une blessure**. D'abord, il va s'interroger sur vos motivations et s'inquiéter de savoir si vous avez des projets d'avenir le concernant. Si vous avez juste envie d'un **échange agréable** à propos d'activités que vous meniez ensemble, abordez le sujet avec précaution ; le mieux est d'attendre qu'il soit dans l'état d'esprit adéquat.

Se remettre ensemble

Il est déconseillé de se remettre avec un ex Scorpion ! Cet individu éprouve souvent un irrépressible besoin de blesser : en vous rapprochant de lui, vous risquez de favoriser ce penchant. Restez loin de lui et évitez de reprendre la vie commune si vous voulez préserver **votre survie** affective et psychologique ! Il n'y a aucun mal à évoquer, de temps en temps, votre relation, en évitant de lui laisser imaginer que vous n'auriez rien contre une éventuelle réconciliation. Comme le Scorpion joue parfaitement de son charme, vous devez garder une **absolue maîtrise** de vous-même...

III

En famille

PARENT, ENFANT, FRÈRE, SŒUR

Le parent Scorpion

Le Scorpion a de **grandes théories sur l'éducation** et il applique ses principes rigides sans variation ni compromis ! Très directif, il exige que les devoirs et les travaux ménagers soient faits sans poser de questions. Le Scorpion veut que ses enfants fassent **bonne impression** à l'école, mais aussi en société. Il considère que leur comportement est le reflet direct de ses capacités en tant que père ou mère, et il tient à une bonne réputation dans ce domaine. Étant donné son caractère intransigeant, mieux vaut qu'un seul des deux parents soit de ce signe...

+
DE BON CONSEIL
ENCOURAGEANT
PROTECTEUR
POINTS FORTS

—
SURPROTECTEUR
AUTORITAIRE
RÉPÉTITIF
POINTS FAIBLES

OBSTINÉ
ORGUEILLEUX
EXIGEANT
RELATIONNEL

Fais pas ci, fais pas ça : la discipline

Le Scorpion peut se montrer très sévère, question discipline ! Il prévient cependant clairement ses enfants qu'il préférerait ne pas avoir à les punir. Mais il les avertit aussi qu'il leur appartient d'éviter la sanction en **suivant les règles** ou de la provoquer en les transgressant. Ce parent met, dès le départ, les choses au point sans ambiguïté, de telle sorte que sa progéniture ne peut pas plaider l'ignorance. Il a à sa disposition un **large éventail de punitions** qui vont de l'interdiction de sortie au regard furieux, dont il use sur le coup, sans préméditation. Par ailleurs, il peut aussi infliger des punitions plus élaborées, prolongées dans le temps, pour s'attaquer aux problèmes de fond en cas de faute grave.

Les questions d'argent

L'argent est **très important** pour le Scorpion ! Assez peu généreux question argent de poche, ce père ou cette mère apprend à ses enfants comment l'utiliser (sans le dilapider). Il insiste pour que ses enfants accomplissent quelques tâches domestiques en échange d'une petite rétribution, les encourage à faire du baby-sitting, à distribuer des prospectus... En général, il surveille de près l'utilisation de ces fonds ! Dans certains cas, il pousse même ses enfants à **placer leurs gains** sur un compte en banque.

Est-il affectueux ?

Le parent Scorpion peut se montrer très affectueux avec ses enfants, mais seulement s'ils se conduisent bien ! Fidèle à lui-même, il est aussi prompt à **prodiguer son amour** à titre de récompense qu'à infliger des châtiments en punition. Il est également capable de **faire semblant** de se mettre en colère et d'utiliser fausses menaces et invectives pour exprimer sa tendresse à sa progéniture. Quand les premiers signes de mécontentement apparaissent, l'enfant du Scorpion sait parfaitement les déchiffrer et peut prévoir si c'est le rire ou la tempête qui va suivre...

Les situations de crise

En cas de problème, on peut compter sur le parent Scorpion pour apporter un **ferme soutien** à ses enfants. Cependant, si ces derniers sont responsables et que, par exemple, quelqu'un a été blessé à cause d'eux, il est certain que ledit parent infligera de sévères remontrances et une punition. Si la situation de crise affecte le Scorpion lui-même, la famille dans son entier est supposée lui apporter son appui et sa compréhension. Autrement, tout le monde risque d'en supporter les conséquences plus tard.

Les vacances et les réunions de famille

Le Scorpion peut soit **se consacrer totalement** aux activités de loisir, soit en **abandonner entièrement** l'organisation à d'autres. Même s'il n'est pas ennemi des vacances et autres réunions de famille, ce parent a souvent tendance à faire passer d'abord sa profession, ses projets de travaux domestiques ou d'autres engagements avec des amis. En revanche, s'il décide de **s'engager à fond** dans la préparation d'une réunion de famille, d'une fête ou de vacances, il le fait sans s'économiser – avec une autorité parfois dictatoriale, mais efficace.

Le parent Scorpion âgé

Bien souvent, le parent Scorpion qui prend de l'âge ne demande de l'aide à sa famille que dans les **cas d'extrême nécessité**. Si sa retraite est suffisante, ses besoins peuvent se limiter à une aide hebdomadaire pour les courses et/ou le ménage. Il préférera s'en remettre à une infirmière professionnelle ou à une auxiliaire de vie plutôt que de solliciter ses proches. Le Scorpion adore voir régulièrement ses petits-enfants et il sera très heureux que vous veniez avec eux lui **rendre visite**. À l'occasion, il pourra aussi venir chez vous, mais peu souvent, et seulement si vous vous chargez de l'emmener et de le raccompagner.

Le frère ou la sœur Scorpion

Le Scorpion fera sentir sa présence, quel que soit son environnement familial. Ses goûts affirmés y suffiraient, mais ajoutez un **tempérament dominateur**, et vous comprendrez qu'il faut compter avec lui ! Il ne fait **jamais mystère** de ses objections, et ses frères et sœurs sont amplement informés de ce qu'il a sur le cœur. Sa position dans la fratrie est un facteur très significatif. S'il est l'aîné, il peut se montrer tyrannique envers ses cadets, alors que le benjamin aura un caractère plus épanoui, et même aimable. C'est souvent le deuxième ou celui du milieu qui souffre le plus quand il est ignoré ou négligé.

POINTS FORTS (+) : ÉNERGIQUE, INDIVIDUALISTE, ÉVEILLÉ

POINTS FAIBLES (–) : AIGRI, PESSIMISTE, AGRESSIF

RELATIONNEL : MAÎTRISÉ, EXIGEANT, FRANC

Rivalités ou atomes crochus ?

Le Scorpion peut développer une **intense rivalité** avec ses frères et sœurs, surtout s'il est le benjamin. Enfant, il lui est extrêmement difficile d'accepter les **défaites répétées** contre ses aînés quand ils jouent ou font du sport. Ces revers engendrent parfois chez lui, à l'âge adulte, le désir d'être premier partout. Toutefois, le petit Scorpion noue généralement avec les membres de sa fratrie un lien fort qui perdurera par la suite. Le plus souvent, rivalité et proximité coexistent entre eux.

Le poids du passé

Le Scorpion a la **mémoire longue** ! Cette caractéristique joue contre lui : son incapacité à oublier ou pardonner les torts passés risque de provoquer des problèmes psychologiques aigus. Même quand les questions semblent réglées, la trace en reste enfouie dans son esprit. Il est extrêmement compliqué pour lui de guérir de cette blessure, que ce soit seul ou avec l'aide d'un spécialiste. S'il manifeste le désir de **tirer un trait** sur son passé, c'est déjà en soi une étape positive. Une fois que sa décision est prise, il lui faudra encore progresser lentement pendant des années, avant de pouvoir mettre un terme à ses difficultés. Une telle résolution doit être considérée comme une victoire majeure dans la vie du Scorpion.

Enterrer la hache de guerre

Le Scorpion qui s'est éloigné de sa fratrie est souvent très difficile à toucher psychologiquement. Les tentatives doivent être maintes fois répétées avant de l'atteindre. Il faut agir avec beaucoup de tact. En effet, si vous insistez trop, vous ne réussirez qu'à l'irriter et le renforcer dans sa volonté de ne pas répondre. Vous commencerez à le faire changer d'avis en déployant une **persuasion douce et obstinée** qui prend en compte ses sentiments. Au plus profond de lui, le Scorpion nourrit souvent un désir inavoué **d'aimer et d'être aimé**, ainsi que de réintégrer le giron familial.

Laissez-le grandir !

L'enfant Scorpion révèle des traits de personnalité pleinement développés dès un âge précoce ! À un ou deux ans, son caractère est **fortement dessiné** et peut rester le même tout au long de sa vie. Il est fascinant d'observer le développement de ce petit être, tant ses sentiments sont profonds et ses états psychologiques complexes. D'ailleurs, enseignants, parents, famille et amis auront vraiment des difficultés à maintenir le fil de la relation. Le Scorpion a un fort tempérament avec lequel il faut apprendre à composer, sous peine de s'épuiser dans de vaines batailles...

L'autorité : jusqu'où aller ?

Le petit Scorpion supporte **assez mal** le besoin qu'ont les enseignants, les parents ou autres membres de la famille de faire preuve d'autorité à son égard ! Cet enfant considère que les punitions ou la discipline sont inutiles, puisqu'il est parfaitement **conscient de ses actes**. Il est

vrai qu'il peut s'infliger des châtiments beaucoup plus forts qu'aucun adulte ne le ferait. Il souffre profondément des erreurs qu'il a commises, particulièrement s'il s'agit d'injustices ou de méchancetés envers les autres. Le petit Scorpion supporte le chagrin, les reproches et la solitude bien mieux que la plupart des enfants, même quand la sanction est manifestement imméritée.

Ses centres d'intérêt...

L'enfant Scorpion **aime les défis** et adore surmonter les difficultés, mais il est aussi capable d'apprécier des plaisirs plus conventionnels. Souvent, ces derniers seront la récompense des premiers. Si, pendant un certain temps, on prive le petit Scorpion de joies simples et physiques, son énergie chute, il est malheureux et même rancunier... Pour que cet enfant reste content, il faut **le gratifier de gâteries diverses** : sucreries, plats favoris, mais aussi affection et cadeaux. Les carrières qui conviennent au Scorpion sont celles qui lui permettent de prendre des risques, de gagner de l'argent, le tout assorti de bonnes conditions de travail.

Les démonstrations d'affection

Le petit Scorpion aime donner de l'affection et en recevoir, mais ces manifestations prennent souvent une forme **inhabituelle**, voire bizarre ! Parfois, il se montre amical envers un adversaire ; c'est un trait qui apparaît déjà, quand il est jeune, au cours des compétitions, ou même dans les bagarres. En fait, il éprouve vraiment du respect envers ceux qui réussissent à résister à son tempérament énergique. Bien que d'aucuns le trouvent très émotif, il **peut paraître susceptible** et distant aux yeux des autres. Cela indique que le petit Scorpion a besoin, habituellement, de développer une relation sérieuse avec les gens avant de les laisser s'approcher.

Avec ses frères et sœurs

Quand l'enfant Scorpion prend la première place, il est très important que ses parents comme ses frères et sœurs lui en reconnaissent le droit. Mais son **ascendant sur la famille** le conduit parfois à rivaliser

avec l'autorité parentale. Il arrive alors que les parents soient contraints de diriger punitions et réprimandes contre le petit Scorpion, qui s'est imposé comme le représentant de sa fratrie ! Dans ces circonstances, il est forcé de grandir vite et doit assumer très tôt une attitude **mûre et responsable**. Toutes choses qui risquent de le priver des joies d'une enfance insouciante...

Petit Scorpion devenu grand

Selon les circonstances, l'enfant Scorpion peut devenir adulte très tôt. Très mûr dans son adolescence, il est souvent alors **pleinement formé** et fait preuve du même caractère tout au long de sa vie ! Les parents d'un enfant Scorpion ont parfois l'impression, surtout au cours des disputes, d'être face à un petit homme ou une petite femme – qui peut s'illustrer comme un adversaire des plus coriaces. La maturité convient parfaitement au tempérament du Scorpion : elle correspond au sérieux et à la profondeur de ses sentiments autant qu'à sa **conception pragmatique** du monde.

IV

En société

AMI(E), COLOCATAIRE, RELATIONS

L'ami(e) Scorpion

Le Scorpion se montre très sélectif en ce qui concerne le choix de ses amis, alors si vous êtes du nombre, considérez que c'est un honneur ! Il garde ses meilleurs amis en réserve pour les bons moments et, la plupart du temps, il ne vous appellera que s'il a envie de se distraire, de faire la fête ou simplement de sortir. Il peut être un **excellent compagnon**, mais son amitié obéit surtout à ses conditions et à ses lois. Ce sont les personnes au caractère le plus souple, capables de s'adapter à ses humeurs et aux variations de ses **états émotionnels complexes**, qui s'entendent le mieux avec lui.

POINTS FORTS (+)
SÉLECTIF
DRÔLE
FESTIF

POINTS FAIBLES (–)
IRRITABLE
INSTABLE
MOROSE

RELATIONNEL
ÉNERGIQUE
SUR LA DÉFENSIVE
STIMULANT

Si vous avez besoin de lui/d'elle...

En général, le Scorpion ne fera pas souvent ni facilement appel à votre aide et il suppose que vous agirez de même avec lui. Mais vous pouvez compter sur lui dans les situations graves ! Il garde son calme dans l'urgence et peut, au propre comme au figuré, sauver la vie d'un ami. À la moindre note d'inquiétude dans votre voix, il **bondira à votre secours** et, si nécessaire, s'attaquera même à ceux qui s'opposent à vous. Avant de déchaîner ses forces, réfléchissez aux conséquences que ses actions risquent d'entraîner...

Rester en contact

L'amitié du Scorpion n'exige pas qu'on s'en préoccupe énormément... Vous pouvez **rester longtemps** sans le contacter et, quand vous réapparaissez, il vous accueille toujours avec autant de plaisir. Il n'a pas besoin que vous vous intéressiez beaucoup à lui, alors ne l'ennuyez pas en cherchant constamment à avoir de ses nouvelles !

S'il veut vous mettre au courant de quelque chose, **il vous fera signe**. En général, le Scorpion n'aime guère qu'on l'interroge sur ses activités. Bien que secret et fréquemment introverti, il se montre doué pour la communication et sait souvent faire passer, en quelques mots, des idées intellectuellement stimulantes.

Lui emprunter de l'argent

Le Scorpion a beau se montrer possessif dans beaucoup de domaines, il peut être étonnamment **accommodant** dès qu'il s'agit de partager son argent avec ses amis ! Il déteste par-dessus tout la pingrerie et la mesquinerie. Après un repas, plutôt que de pinailler sur l'addition, il préférera payer lui-même. Il s'attend d'ailleurs à ce que votre bourse lui soit ouverte aussi ! En cas de besoin, il fera appel à vos finances d'une manière aussi naturelle qu'un chirurgien demandant un scalpel. Le Scorpion **se débrouille bien** avec l'argent, mais il supporte assez mal la pauvreté ; les privations ne correspondent guère à sa conception d'une vie heureuse...

Les rencontres : où et quand ?

Le Scorpion adore que ses amis lui rendent visite ! Ils ont généralement beaucoup à partager, qu'il s'agisse de conversations ou de **passions communes** telles que la musique, le sport, la politique, l'art et, bien sûr, la bonne chère... Aller régulièrement au restaurant avec un ami Scorpion

Lui demander conseil...

Le Scorpion vous demandera **un peu de temps** pour réfléchir à vos problèmes avant de vous répondre. Son caractère profond ne s'accommode pas des conseils rapides ou superficiels. Inutile de vous rappeler à lui : il reviendra vers vous avec sa solution **quand il se sentira prêt**. Le Scorpion se considère souvent comme quelqu'un d'avisé, doué d'une bonne connaissance de la psychologie et des usages du monde. Bien que ce soit vrai, vous n'aurez peut-être pas envie de suivre aveuglément ses suggestions, surtout si cela risque d'être contre-productif.

est très agréable, mais coûteux, car son goût est excellent et ses exigences élevées. Bien qu'il vienne chez vous à l'occasion, il se sent mieux et plus heureux **dans ses quartiers**, qui tiennent souvent de la cachette et du repaire secret. Votre plaisir, dans ces circonstances, est essentiel pour lui.

Faire la fête

Pour le Scorpion, les événements festifs sont importants, mais ils doivent garder leur **caractère exceptionnel** ! Il attend de telles occasions avec une grande impatience. S'il doit assister à une manifestation sportive, à un concert ou à un spectacle, il tient toujours à acheter les meilleures places et suppose qu'il en va de même pour vous. En général, il est **très bien renseigné** et partage ses informations, tel un bon guide. S'il vous emmène à un événement qui le touche particulièrement, vous devrez le laisser prendre la tête des opérations et montrer que vous appréciez ses initiatives comme ses observations.

Le/la colocataire Scorpion

Pour le/la colocataire Scorpion, l'intimité est la **priorité des priorités** ! Sa chambre est un territoire inviolable, mais il/elle peut aussi considérer l'appartement ou la maison comme son antre. Cela présuppose que vous n'êtes là que pour l'aider à payer le loyer ! Toute activité relevant de la sociabilité peut alors devenir difficile à pratiquer. En outre, le Scorpion veut contrôler son environnement. Dans ses moments les moins conciliants, il cherchera à **réduire votre impact**, en insistant pour que vous baissiez la musique et la télévision, ou en exigeant que vous arrêtiez de bavarder et le laissiez tranquille.

+
PROTECTEUR
SECOURABLE
IMPLIQUÉ
POINTS FORTS

–
SECRET
TACITURNE
FERMÉ
POINTS FAIBLES

INTIME
SOLITAIRE
MAÎTRISÉ
RELATIONNEL

Les questions d'argent

Demander au Scorpion de payer sa part de loyer et de participer aux autres frais est parfois très difficile, même quand il peut le faire ! Le plus compliqué restant sans doute d'aborder le sujet sans qu'il **détourne la conversation**... Il est vrai que notre Scorpion ne fait les choses que s'il se sent prêt et que, même si on le presse, il résiste. Dans les bons mois, il posera sa contribution **en liquide** bien en vue, vous laissant libre de la dépenser ou de la donner à qui de droit. À moins d'y faire vous-même allusion, il est probable que vous n'en entendrez plus parler.

Le meilleur hôte de l'année ?

Le Scorpion ne lance pas souvent d'invitations, mais il lui arrive quand même, à certains moments, d'**accueillir pour la nuit** des amis proches ou des membres de sa famille. Il s'attend à ce que vous l'acceptiez facilement et que vous les mettiez à l'aise. N'empiétez pas sur

le temps qu'il passe avec eux, car il se montre très possessif vis-à-vis de ceux qui lui « appartiennent ». Il se sentira entièrement libre de recevoir ces visiteurs occasionnels ou d'avoir un rendez-vous galant, qu'il vous ait accordé ou non la possibilité de faire de même... Votre colocataire peut aussi avoir **envie d'organiser une fête** de temps à autre, et même d'en partager les responsabilités avec vous, y compris

Qui passe l'aspirateur ?

Le Scorpion n'est pas réputé pour son amour du ménage, mais une fois qu'il a décidé de s'y mettre, il est assez efficace ! Il acceptera souvent de vous aider à **nettoyer les espaces communs**, mais repoussera l'idée de ranger un tant soit peu ses pièces. C'est son refuge intime, où vous risquez fort de n'être jamais invité. Et le simple fait que vous puissiez même y jeter un coup d'œil lui répugne. La vue de sa porte fermée est un spectacle auquel vous devrez probablement vous habituer, qu'il soit là ou non.

pour l'établissement de la liste des invités. Mais il risque de voir rouge si votre vie sociale devient trop active à la maison ! Il vous signifiera clairement qu'il a besoin de tranquillité. Faire la tête et claquer violemment sa porte, c'est ce que le Scorpion furieux trouvera de mieux pour **mettre un peu d'ambiance** quand les hôtes commenceront à arriver. Dans votre intérêt, respectez son envie de solitude et évitez de l'énerver avec des va-et-vient trop nombreux !

Le respect de l'intimité

Assez curieusement, si les choses se passent bien entre vous, le Scorpion peut considérer que le respect de sa vie privée n'est **pas un problème** quand vous êtes seuls. C'est la preuve la plus sûre que votre colocataire se sent suffisamment proche de vous – si proche même qu'il ne vous reconnaît pas comme une entité séparée. Le fait qu'il imagine que vos deux personnes ne font qu'une unité est indéniablement un compliment

L'enfant Scorpion

L'enfant Scorpion fait la joie de sa famille, pour autant qu'on le traite avec équité et qu'il ne se sente pas exploité. Il aime ses amis plus que tout, mais accepte de les partager avec ses frères et sœurs, sans possessivité excessive. Avec ses parents, le petit Scorpion se montre **obéissant, éveillé, énergique** et compatit à leurs problèmes personnels. En leur absence, il n'est pas rare qu'il devienne le chef de la famille. Il peut aussi assurer la **cohésion du groupe** et soutenir les parents quand ils sont présents. Il adore rire et s'amuser avec les adultes comme avec les autres enfants.

+
ADORABLE
OBÉISSANT
ÉNERGIQUE
POINTS FORTS

—
INQUIET
INCONTRÔLABLE
RAISONNEUR
POINTS FAIBLES

SERVIABLE
SECOURABLE
MOTIVÉ
RELATIONNEL